Die Reihe
AUF SCHIENEN UNTERWEGS

Die Trierer Straßenbahnen

Eine fabrikneue Straßenbahn (TW 6) vor dem Wahrzeichen Triers, der Porta Nigra, im Jahre 1905.

Die Straßenbahnen TW 24, 32 (II) und 33 auf ihrer Abschiedsfahrt am 14. September 1951.

Die Reihe

AUF SCHIENEN UNTERWEGS

Die Trierer Straßenbahnen

Joachim und Karl-Josef Gilles

SUTTON VERLAG

Sutton Verlag GmbH
Hochheimer Straße 59
99094 Erfurt
www.suttonverlag.de

ISBN 978-3-89702-944-6

Druck: Books on Demand GmbH, Norderstedt, Deutschland

Mitglieder des 1924 gegründeten Straßenbahnervereins der Stadt Trier präsentieren sich am 14. September 1951 mit ihrer Vereinsfahne vor TW 24, als der letzte Streckenabschnitt stillgelegt wurde. Der Verein hält heute noch die Erinnerung an die Trierer Straßenbahn wach.

Inhaltsverzeichnis

Literatur

KARL BECK, *75 Jahre Städtische Verkehrsbetriebe 1905–1980*, in: Neues Trierisches Jahrbuch 1981, S. 11-15, Abb. 2-4.

JOACHIM GILLES, *100 Jahre Trierer Straßenbahn*, in: Neues Trierisches Jahrbuch 45, 2005, S. 69-81.

DIETER HÖLTGE, *Geschichte und Gegenwart des Trierer Stadtverkehrs*, in: Der Stadtverkehr, Heft 5/6, 1975, S. 1-8.

JOSEF LINCK, *Geschichte der Trierer Straßenbahnen*, in: Trierisches Jahrbuch 1956, S. 57-62.

EMIL ZENZ, *Schlecht gefahren ist besser als gut gegangen – Chronik des innerstädtischen Verkehrs in Trier.* Trier 1955. 127 Seiten.

DERS., *75 Jahre Städtische Verkehrsbetriebe 1905-1980*, zugleich Chronik des innerstädtischen Verkehr in Trier seit 1890. Trier 1980. 100 Seiten.

O. VERF., *Die Straßenbahnen der Stadt Trier von 1905 bis 1930.* Trier 1930. 35 Seiten.

O. VERF., *Letzte Straßenbahnfahrt in Trier*, in: Der Nahverkehr, 2, 1951 Nr. 12, S. 203.

O. VERF., *Umstellung der Straßenbahn in Trier auf Obusbetrieb*, in: Verkehrstechnische Woche 32, 1938, S. 545-546.

O. VERF., 1905-*1970 – 65 Jahre Verkehrsbetriebe der Stadt Trier.* Trier 1970. 8 Seiten

O. VERF., *1924-1999 – 75 Jahre Straßenbahnerverein der Stadt Trier e.V.* Trier 1999. 28 Seiten.

O. VERF., *1924-2004 – 80 Jahre Straßenbahnerverein der Stadt Trier e.V.* Trier 2004. 52 Seiten.

Vorwort

Vor rund 100 Jahren, am 15. Oktober 1905, nahm in Trier zwischen dem Hauptbahnhof und den Vororten St. Matthias, Euren und Pallien eine elektrische Straßenbahn ihren Betrieb auf. Sie löste eine Pferdebahn ab, welche seit 1890 in Dienst gestanden hatte. Doch schon 46 Jahre später musste die von den Trierern so geliebte „Elektrische“ endgültig einem modernen Obusbetrieb weichen, der seinerseits zwischen 1966 und 1970 auf Omnibusse umgestellt wurde. Der 100. Jahrestag der Eröffnung der Trierer Straßenbahn bietet einen willkommenen Anlass für einen Rückblick auf die Frühzeit der Städtischen Verkehrsbetriebe in Trier. An die Straßenbahn selbst erinnert heute, von einigen Halterungen der ehemaligen Oberleitung abgesehen, nur noch wenig im Trierer Stadtbild.

Mit rund 165 Fotos lädt dieser Bildband zu einer Fahrt mit der Trierer Tram auf ihren vier Linien ein und gibt zugleich einen Überblick über die eingesetzten Fahrzeuge. Nicht nur die Einheimischen mögen erahnen, welch reizvolles Transportmittel der Moselmetropole vor inzwischen 55 Jahren für immer verloren gegangen ist.

Ohne vielfältige Unterstützung wäre die Erstellung dieses Buches kaum möglich gewesen. Unser Dank gilt insbesondere den Leihgebern der historischen Fotografien. Außer auf die eigene umfangreiche, während der letzten beiden Jahrzehnte aufgebaute Sammlung konnten wir auf die Sammlung von Richard Hagen (1923-1999), die Bestände des Rheinischen Landesmuseums, des Straßenbahnervereins der Stadt Trier e.V. sowie das Archiv der Trierer Stadtwerke zurückgreifen. Dabei waren uns insbesondere der Museumsfotograf Thomas Zühmer und der 1. Vorsitzende des Trierer Straßenbahnervereins, Alfred Klasner, behilflich. Leider lässt sich die Mehrzahl der Fotografien keinem Fotografen mehr zuordnen. Ein kleinerer Teil geht offensichtlich auf Professor Wilhelm Deuser (1861-1953) oder Ferdinand Josef Gustav Laven (1879-1947) zurück. Ihnen und den vielen namentlich nicht bekannten Fotografen gilt unser besonderer Dank, da erst durch ihre Arbeit dieser Bildband möglich wurde.

Trier, im Januar 2006
Joachim Gilles und Dr. Karl-Josef Gilles

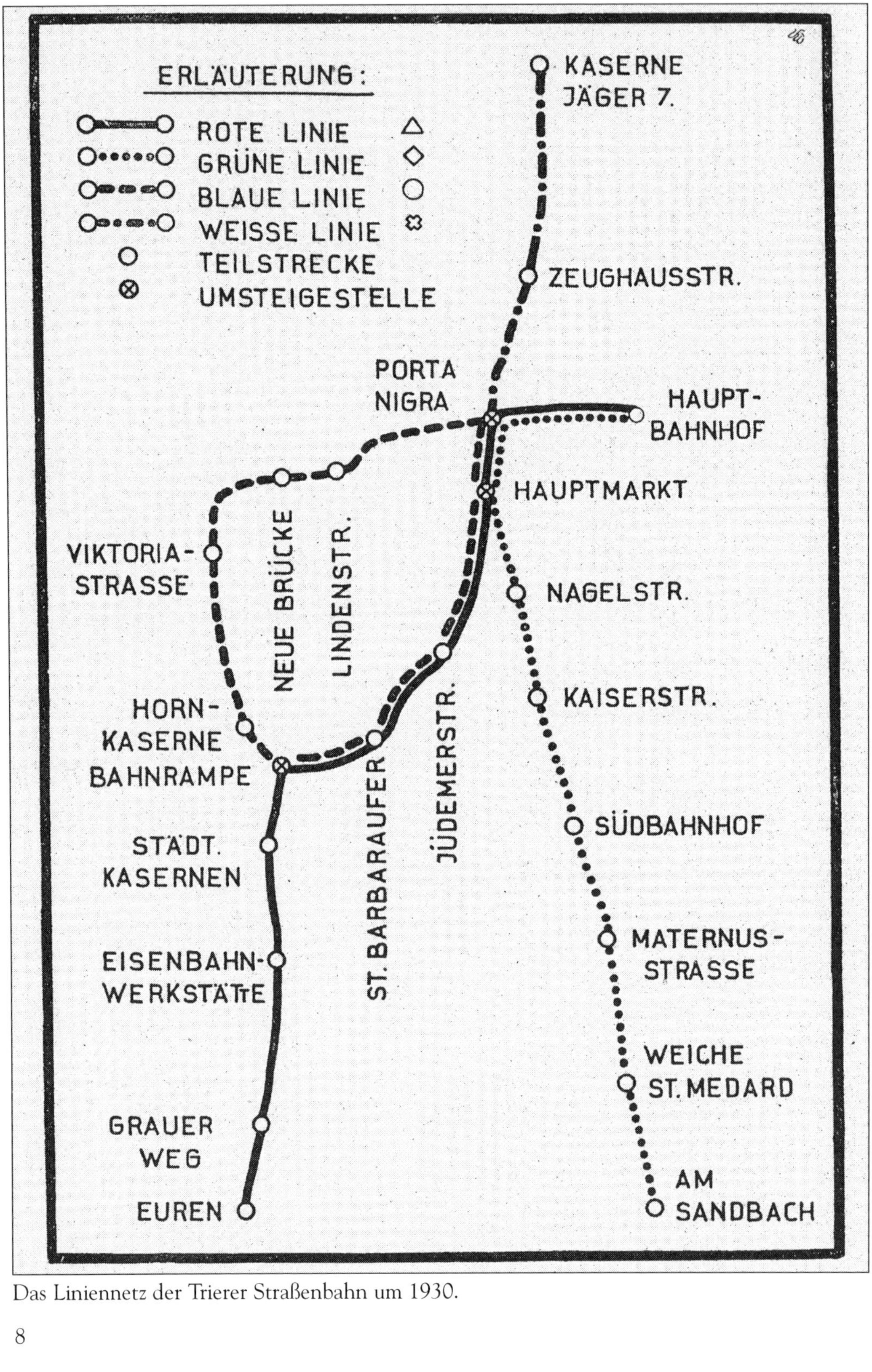

Das Liniennetz der Trierer Straßenbahn um 1930.

1

Die Pferdebahn (1890-1905)

Seit 1874 verhandelte die Trierer Stadtverordnetenversammlung immer wieder über den Bau einer Pferdebahn, die vor allem zwischen Ruwer und Löwenbrücken (Trier Süd) verkehren sollte. Als erster hatte am 17. November 1874 der Brüsseler Bankier Salner einen Antrag auf den Bau einer Pferdebahn gestellt. Da man sich über die Linienführung aber nicht einigen konnte, dauerte es rund 15 Jahre, bis die Stadt Trier durch Ratsbeschluss am 27. November 1889 dem Ingenieur Charles de Féral aus Brüssel die Konzession zum Bau einer schmalspurigen Pferdebahn (1.000 mm) erteilte. Obwohl der weitsichtige de Féral noch im Februar 1890 den Trierer Stadtvätern den Bau einer elektrischen Straßenbahn angeboten hatte, waren diese davon nicht zu überzeugen. Trier hatte die Chance vertan, eine der ersten Städte Deutschlands mit elektrifiziertem Verkehrsmittel zu werden. So konnte am 26. Juli 1890 „nur" eine Pferdebahn eröffnet werden. In knapp vier Monaten Bauzeit – die Vermessungsarbeiten begannen am 28. März 1890 – waren 3,44 Kilometer Gleis verlegt worden.

Für den Betrieb der Bahn standen anfangs 15, später 18 Wagen – je zur Hälfte geschlossene Winterwagen (1-9) sowie offene Sommerwagen (10-18) – zur Verfügung. Bei Engpässen wurden die Winterwagen auch in den Sommermonaten eingesetzt. Außerdem waren zunächst 18 Pferde beschafft worden. Die Pferdebahn verkehrte auf zwei Linien: Hauptbahnhof–Hauptmarkt–Löwenbrücken (Trier-Süd) und Hauptbahnhof–Hauptmarkt–Römerbrücke (rechtes Moselufer). Das Heilig-Rock-Jahr 1891 bescherte der neuen Bahn ein enormes Verkehrsaufkommen. Auf dem Abschnitt Hauptbahnhof–Hauptmarkt musste sogar ein zweites Gleis verlegt werden. Im November 1891 erwarb Arnold Steingröver die florierende Bahn. Er baute weitere Streckenabschnitte zweigleisig aus und errichtete zur Wartung der Wagen eine Werkstatt. In den Stallungen seiner Villa hatte er zwischen 28 und 35 vornehmlich weiße Pferde untergebracht, die von fünf Stallknechten betreut wurden. Die Pferdebahn verkehrte damals alle 30 Minuten. Laut Statistik beförderte die Bahn täglich bei 300 Wagenkilometern rund 3.500 Personen. Für alle Strecken wurde einheitlich ein Tarif von 10 Pfennig erhoben.

Doch scheinen sich Steingrövers Investitionen nicht so recht gelohnt zu haben, da er die Pferdebahn schon am 1. April 1899 an die Elekrizitäts-AG Helios in Köln verkaufte. Letztere veräußerte die Bahn wiederum am 29. September 1902 für 450.000 Mark an die Stadt Trier, die eine Elektrifizierung ins Auge gefasst hatte. Im vorletzten Betriebsjahr beförderte man 1.440.412 Personen bei 311.367 geleisteten Wagenkilometern. Die Einnahmen beliefen sich auf 132.487 Mark. In der Regel waren auf der Strecke zum Südbahnhof fünf und auf der zur Römerbrücke vier Wagen eingesetzt. Die einzelnen Pferdebahnwagen entsprachen 1902 einem Gesamtwert von 21.376 Mark. Nach Einstellung des Verkehrs wurden die Wagen 1905 an die neugegründete Riegelsberger Straßenbahn (Saarland) verkauft. Die Schienen der Pferdebahn wurden entfernt und das Depot am Steingröverweg abgerissen.

Während des Winters 1904 warten in der Bahnhofstraße unweit vom Hauptbahnhof an der Endstation der Pferdebahn die Winterwagen 5 und 6 auf die Ankunft neuer Fahrgäste. Die Winterwagen unterschieden sich durch die geschlossenen Seitenwände von den Sommerwagen.

An gleicher Stelle steht im September 1904 der Sommerwagen 16 neben Winterwagen 8. Das Restaurant zur Linken wird gerade von einem Eiswagen beliefert.

Wagen 2 eilt im Winter 1900 in Richtung Hauptbahnhof, wo eine zweite Pferdebahn zur Abfahrt bereit steht.

Ein Sommerwagen strebt über die Bahnhofstraße zum Hauptbahnhof. Anlässlich der Heilig-Rock-Ausstellung im Jahre 1891 war der Streckenabschnitt zweigleisig ausgebaut worden. Nach rechts zweigt ein Gleis zum Depot der Pferdebahn im Steingröverweg ab.

Sommerwagen 16 ist, wie man dem Linienschild auf dem Wagendach entnehmen kann, in der Bahnhofstraße auf dem Weg zur Moselbrücke, der heutigen Römerbrücke. Trier hatte damals nur eine Moselbrücke. Die Dachseiten des Wagens zeigen schon Werbetafeln.

Winterwagen 5 passiert, von einem schwarzen Pferd gezogen, im September 1904 die Porta Nigra. Zur Pferdebahnzeit war an der Porta Nigra nur ein normaler Haltepunkt. Erst für die Straßenbahn wurde eine zentrale Umsteigehaltestelle eingerichtet.

Ein geschmückter Winterwagen eilt um 1900 an der Porta Nigra vorbei zur Moselbrücke. Das Linienschild war in diesem Falle an der Brüstung der Wagenplattform angebracht.

An der Porta Nigra begegnen sich um 1900 zwei Sommerwagen.

Blick von der Gangolfkirche über die Simeonstraße. Am Ende des weitgehend leeren Hauptmarktes begegnen sich zwei Pferdebahnen, von denen die rechte den Südbahnhof, die linke, von der Römerbrücke kommend, den Hauptbahnhof anstrebt.

Ein vom Südbahnhof kommender Sommerwagen passiert während eines Markttages im Juli 1903 den Hauptmarkt.

Eine Pferdebahn in der Grabenstraße unweit des heutigen Prangers. Hier begann der eingleisige Streckenabschnitt in Richtung Südbahnhof.

Die Anwesenheit eines Fotografen sorgte um die Jahrhundertwende für größere Menschenansammlungen. Im eingeleisigen Streckenabschnitt der Brückenstraße ist die Pferdebahn (links neben der Menschenmenge) kaum auszumachen.

Ein Sommerwagen überquert die Südallee. Der Streckenabschnitt war hier wieder zweigleisig angelegt, um Kreuzungen mit entgegenkommenden Bahnen zu ermöglichen.

Der Sommerwagen 14 hat in der Saarstraße von der Endhaltestelle am Südbahnhof Fahrt in Richtung Hauptmarkt aufgenommen.

2

Die Straßenbahn (1905-1951)

Nachdem sich der Trierer Stadtrat 1903 für den Bau einer elektrischen Straßenbahn entschieden hatte, entbrannten heftige Diskussionen über ihre Spurweite. Da mit dem Bau der Bahn eine vollständige Neubefestigung der Straßen einherging und zudem das Rollmaterial der Pferdebahn für den Straßenbahnverkehr kaum zu verwenden war, entschied man sich letztlich doch für den Bau einer normalspurigen Straßenbahn (1.435 mm).

Zunächst wurden am 15. Oktober 1905 die Strecken nach Pallien und Euren eröffnet. Am ersten Tag mussten alle Straßenbahnen und Beiwagen eingesetzt werden, denn viele Trierer wollten mit der „Elektrischen" fahren. Jeder vierte Trierer nutzte bei einem Fahrpreis von 10 Pfennig gleich am ersten Tag die Tram. Am 21. Oktober wurde die Strecke Porta Nigra–Hauptfriedhof und am 18. November die Linie Hauptmarkt–Töpferstraße eröffnet. Schon ein halbes Jahr später wurde zum 22. Mai 1906 die Rote Linie bis zum Treppenaufgang des Weißhauses in der Bonnerstraße und die Grüne Linie bis nach St. Matthias verlängert. Die Kennzeichnung der Linien nach Farben (rot, grün, blau, weiß) war ein lange währendes Kuriosum.

Die Streckenlänge betrug nun 9,43 Kilometer, wovon 3,57 Kilometer zweigleisig waren. Bis 1914 stiegen die Fahrgastzahlen auf 3.484.180 an. Die jährlichen Einnahmen kletterten um 74,8 Prozent auf 386.636,50 Mark. In den vier Zonen kostete der billigste Erwachsenenfahrschein 10 und der teuerste 20 Pfennig. Kinder und Schüler zahlten 5 Pfennig. Mit der Fertigstellung der Kaiser-Wilhelm-Brücke im Jahre 1913 wurde das Liniennetz auf 11,46 Kilometer Strecken- und 20,72 Kilometer Gleislänge erweitert und gleichzeitig neu strukturiert.

Mit Beginn des Ersten Weltkriegs wurde Trier zu einem wichtigen Versorgungsstützpunkt. Wegen der Mobilmachung standen von einst 50 Straßenbahnern nur noch neun zur Verfügung. Frauen mussten zu Straßenbahnfahrern ausgebildet werden. Jährlich benutzten nun neun Millionen Fahrgäste die Straßenbahn – eine Zahl, die erst im Zweiten Weltkrieg wieder überschritten wurde. Schon während des Ersten Weltkrieges war die Trierer Straßenbahn von Bombenangriffen betroffen, sodass der Fahrbetrieb an 142 Tagen unterbrochen war. Dabei wurde häufig der Fahrdraht beschädigt, am 4. Juni 1918 sogar ein Motorwagen der Straßenbahn.

Beim Rückmarsch der deutschen Truppen waren im November 1918 die Trierer Straßen blockiert, sodass der Bahnbetrieb für mehrere Tage ruhen musste. Am 1. Dezember 1918 besetzten amerikanische Truppen Trier, die sich jedoch weigerten, Fahrgeld zu zahlen. Außerdem war das Personal häufig Beschimpfungen ausgesetzt. Auch nachdem am 14. August 1919 die amerikanischen durch französische Truppen ersetzt worden waren, änderte sich nichts an der Situation. Sie wurde eher kritischer und das Personal weigerte sich, den Verkehr aufrecht zu erhalten. Schaffner wurden tätlich angegriffen, mit Revolvern und Messer bedroht, ja sogar vollbesetzte Straßenbahnen beschossen. Zeitweise waren alle Linien bis auf die Grüne eingestellt. Zur Entschärfung der Situation sollten den Straßenbahnen künftig französische Militärpolizisten mitgegeben werden. Zu weiteren Verkehrsunterbrechungen und Einschränkungen führten ab dem 14. Juni 1920 vermehrter Kohlenmangel beim Elektrizitätswerk, was die Entlassung von 27 Straßenbahnern zur Folge hatte.

Verheerender waren die Auswirkungen der Inflation im Jahre 1923, die für die Bediensteten, deren Löhne immer nachträglich angepasst wurden, den wirtschaftlichen Ruin bedeutete. Auf dem Höhepunkt der Inflation kostete eine Fahrt vom Hauptbahnhof nach St. Matthias 150 Millionen Reichsmark. Rücklagen und laufende Einnahmen wurden von den ständig wachsenden Ausgaben verzehrt.

Nach Einführung der Rentenmark kostete ein Fahrschein wieder 15 Pfennig. Auf der Blauen Linie wurde der Verkehr am 15. März 1924 und auf der Weißen am 15. Januar 1925 wieder aufgenommen. Gleichzeitig begann man mit der Modernisierung der Gleisanlagen. Wenig später erhielt Trier wie viele andere Städte 1925 den ersten Autobus bzw. Omnibus. Bis 1928/29 wurden 29 Weichen und 3.722 Meter Gleis erneuert. Gleichzeitig beschaffte man zwölf neue Triebwagen. Der größere Wagenbestand machte eine Erweiterung der Wagenhalle notwendig. Man errichtete eine neue Werkstatt und schlug die alte dem Depot zu. Infolge der Weltwirtschaftskrise waren Ende der 1920er-Jahre die Beförderungszahlen um 59,8 Prozent zurückgegangen – ein Umstand, dem man mit einer Neuordnung der Linien zu begegnen versuchte. Das neue Liniennetz sollte den permanenten Wagenbedarf von 22 auf 16 verringern.

Im Dezember 1931 endete die Bezeichnung der Linien nach Farben, die nun durch Ziffern ersetzt wurden. Auf den Außenstrecken wurde der schaffnerlose Verkehr eingeführt, der ab dem 1. März 1933 sogar auf alle Linien ausgedehnt wurde. Dadurch sollte das Defizit der Stadtwerke, das 1932 immerhin 100.000 Mark betrug, wieder reduziert werden. Der Einmannbetrieb endete jedoch im Sommer 1933, als wegen der Heilig-Rock-Wallfahrt nicht nur die alten Beiwagen noch einmal zum Einsatz kamen, sondern kurzfristig auch neues Personal eingestellt werden musste. In jenem Jahr wurden über fünf Millionen Fahrgäste befördert. Die Mehreinnahmen halfen den Verkehrsbetrieben über die folgenden wirtschaftlich schwachen Jahre hinweg.

Da die Erneuerung der Gleisanlagen seit 1929 ausgesetzt war und sich deren Zustand aber zusehends verschlechtert hatte, beschloss der Stadtrat 1939, die Straßenbahn auf Obusse umzustellen. Kriegsbedingt konnte die Umstellung aber nur teilweise bei den Linien 2 und 4 realisiert werden.

Während des Zweiten Weltkriegs stand wiederum ein deutlich verringerter Personalbestand einem erhöhten Verkehrsaufkommen gegenüber. Die Wagen waren verdunkelt, sodass es häufiger zu Fehllochungen kam, bisweilen auch zu Problemen bei der Wechselgeldrückgabe. Am 1. April 1943 wurden die Trierer Verkehrsbetriebe erstmals bei einem Luftangriff getroffen und einige Triebwagen mehr oder weniger stark beschädigt. Am 13. September 1944 setzte der Artilleriebeschuss von Trier ein, bei dem auch zwei Straßenbahnfahrer getötet wurden. Für zwei Tage war der Verkehr unterbrochen. Bei einem Großangriff am 4. November 1944 wurde das Depot getroffen und zahlreiche weitere Wagen beschädigt oder zerstört.

Da ein normaler Betrieb infolge der näher rückenden Front nicht mehr möglich war, sollten die Obusse nach Idar-Oberstein und alle noch brauchbaren Straßenbahnwagen nach Gießen überstellt werden, wozu es jedoch nicht mehr kam. Die Straßenbahn leistete während der Evakuierung Triers noch wertvolle Dienste. Schon am 2. März 1945 wurde die Stadt von den Amerikanern eingenommen. Von den vor dem Krieg vorhandenen 66 Triebwagen bzw. Bussen waren 33 völlig zerstört. Die übrigen 33 Wagen (13 Straßenbahnen, elf Obusse, acht Beiwagen, ein Omnibus) waren stark beschädigt. Nach Kriegsende setzten auch Plünderungen an den Straßenbahnwagen ein, wobei alles Brauchbare ausgeschlachtet wurde. Nach der Zerstörung des Depots waren nämlich alle noch intakten Straßenbahnen nach St. Medard gelangt.

Erst Ende 1946 war man wieder in der Lage, die Reaktivierung des innerstädtischen Verkehrs anzugehen. Es stellte sich die Frage, ob man nicht gleich den Verkehr auf Obusse umstellen sollte, was der Mangel an Obussen aber verhinderte. Die Wagen wurden daher zunächst mit primitivsten Mitteln (Scheiben wurden durch Holz und Pappe ersetzt) wieder in Betrieb genommen. Schrittweise konnten zwischen dem 12. Dezember 1947 und dem 3. Juni 1948 insgesamt 6,59 Kilometer des alten Streckennetzes (Gleislänge insgesamt 11,86 Kilometer) wieder in Betrieb genommen werden. Doch schon drei Jahr später musste die heruntergewirtschaftete Straßenbahn den Obussen weichen. Am 14. September 1951 traten drei der noch vorhandenen Straßenbahnen, begleitet von zahlreichen Trierern, zu den Klängen von Chopins Trauermarsch ihre letzte Fahrt durch die Trierer Innenstadt an.

3

Die Rote Linie (Linie 1) Hauptbahnhof–Euren

Die Rote Linie verkehrte zunächst zwischen dem Hauptbahnhof und Pallien, das damals nur über die Römerbrücke und die Rampe am Westbahnhof erreichbar war. Nach Fertigstellung der Kaiser-Wilhelm-Brücke wurde 1913 das Liniennetz umstrukturiert. Die Rote Linie verband fortan den Hauptbahnhof mit Euren. Vom Hauptbahnhof bis zur Nagelstraße wies die Linie neun Haltestellen auf: Ostallee, Steingröverweg, Porta Nigra, Margaretengäßchen, Moselstraße, Hauptmarkt, Böhmerstraße, Post und Nagelstraße. Vor bzw. hinter der Römerbrücke befuhren die Bahnen stadtauswärts die Karl-Marx- und stadteinwärts die Bollwerkstraße. Zwischen der Eisenbahnrampe (Westbahnhof) und Euren war die Strecke nur eingleisig. 1929 wurden vor dem Hauptbahnhof die Gleisanlagen umgestaltet, und die Strecke erhielt zwischen Eisenbahnausbesserungswerk und Elektrizitätswerk sowie die Einfahrt ins Depot ein zweites Gleis. An der Endhaltestelle in Euren konnten die Beiwagen umgesetzt werden. Am 1. April 1943 wurde der Abschnitt zwischen Westbahnhof und Euren auf Obus umgestellt. Die Reststrecke der Linie 1, auf der meist Straßenbahnen der älteren Bauart zum Einsatz kamen, wurde zum 25. Juli 1951 stillgelegt.

Vor dem Hotel „Reichshof“ wartet 1930 gegenüber vom Hauptbahnhof der auf der Linie 1 nach Euren eingesetzte TW 14 in grün-weißer Farbgebung.

Um 1910 warten TW 22 und 24 vor dem Hauptbahnhof auf ihren nächsten Einsatz. Beide Straßenbahnen sind schon verglast. Nur wenige Jahre wiesen sie den Schriftzug „Straßenbahnen der Stadt Trier“ auf.

Der TW 5 der Grünen Linie passiert auf seinem Weg nach St. Matthias den Bahnhof der 1903 eröffneten Moseltalbahn Trier–Bullay.

Eine Straßenbahn der neueren Bauart mit grün-weißer Farbgebung startet am Hauptbahnhof nach St. Matthias. 1930 wurden die Gleisanlagen am Bahnhofsvorplatz verändert. Der spätere Gleisverlauf ist links neben der damaligen Strecke erkennbar.

Eine Straßenbahn der neueren Bauart steht in den 1930er-Jahren an der umgebauten Endhaltestelle Hauptbahnhof, um wenig später nach St. Medard aufzubrechen.

Um 1920 erreicht der verglaste TW 4 mit Sommerwagen 77 die Endhaltestelle auf dem Bahnhofsvorplatz.

Vor dem „Reichshof" steht eine Straßenbahn abfahrbereit nach Euren. Eine weitere nähert sich von der Bahnhofstraße dem Endhaltepunkt.

Während des Zweiten Weltkrieges wurden verstärkt Frauen im Schaffnerdienst eingestellt. Diese Aufnahme entstand 1941 vor einem Wagen neuerer Bauart am Hauptbahnhof.

Unweit des Balduinplatzes teilten sich die Gleise. Über das rechte erreichte man den Hauptbahnhof (im Hintergrund erkennbar), über das linke gelangte man von dort wieder zurück in die Bahnhofstraße.

TW 11 passiert in der Bahnhofstraße das königliche Hofbräuhaus München und strebt zur Porta Nigra.

Eine weitere Straßenbahn eilt in den 1930er-Jahren in Richtung Porta Nigra. Sie zeigt eine ungewöhnliche, veränderte Dachfront.

TW 19 passiert auf dem Weg nach St. Matthias die Göbenstraße, über die man wenige Jahre zuvor noch das Depot der Pferdebahn im Steingröwerweg erreichte.

Kurz nach Ablieferung der neuen Triebwagen (hier in grün-weiß) entstand diese Aufnahme in der Theodor-Heuss-Allee. Das Zielschild ist bereits unter dem vorderen Mittelfenster angebracht. Bis um 1930 war die Linienkennzeichnung nach Farben und Symbolen im Stromabnehmer angebracht.

Der verglaste TW 23 fährt in den 1920er-Jahren, von Euren kommend, über die Theodor-Heuss-Allee. Innerhalb des Bügelstromabnehmers erkennt man ein Kreuz als Linienkennzeichnung.

Eine aus St. Matthias kommende Straßenbahn ist in den ersten Betriebsjahren in der heutigen Theodor-Heuss-Allee unterwegs.

Eine Straßenbahn mit verglaster Plattform biegt nach 1910 mit Beiwagen in die Theodor-Heuss-Allee ein. Solche Anhänger kamen nur selten zum Einsatz.

Ein Wagen der Weißen Linie erreicht, von Euren kommend, die Porta Nigra. Bald wird er seine Fahrt durch die Paulinstraße zum Hauptfriedhof fortsetzen. Die rechte Straßenbahn der Grünen Linie strebt dem Hauptbahnhof entgegen.

Gleich drei Straßenbahnen treffen sich 1937 an der Porta Nigra. TW 3 ist auf der Linie 1 (Richtung Euren), TW 33 auf der Linie 4 (Richtung Jägerkaserne) und TW 12 auf der Linie 2 (Richtung Pallien) eingesetzt.

Regen Betrieb zeigt auch dieses Foto vom Ende der 1930er-Jahre. TW 24 im Vordergrund fährt von Euren zum Hauptbahnhof, der von ihm verdeckte TW (neuere Bauart) ist auf der Linie 3 nach St. Medard und der dritte ältere TW auf der Linie 2 nach Pallien unterwegs. Das Zeltdach des nach 1913 errichteten Straßenbahnpavillons wurde Mitte der 1930er-Jahre zu einem Flachdach zurückgebaut.

Vor 1913 führte von der Porta Nigra lediglich eine Linie zum Hauptfriedhof und zum Hauptbahnhof. Die Strecke zur Kaiser-Wilhelm-Brücke folgte erst 1913. Noch fehlt das markante Haltestellenhäuschen um die Straßenlaterne.

Die Zuganschlüsse sind erreicht, der gelb-weiße TW (Bildmitte) kann seine Fahrt nach St. Matthias, der ältere TW (links) nach Pallien (Rundstrecke über Hauptmarkt) und der neue TW über die Paulinstraße zur Jägerkaserne fortsetzen.

Während der Heilig-Rock-Wallfahrt im Jahre 1933 entstand diese Aufnahme. Ein neuer TW ist mit einem Beiwagen auf der Linie 4 eingesetzt. Ein TW alter Bauart im Vordergrund ist zum Hauptbahnhof unterwegs.

In den Anfangsjahren war TW 11 auf der Grünen Linie in Richtung Hauptbahnhof im Einsatz und passiert hier gerade die Porta Nigra.

Ein TW der Grünen Linie hat am Hotel „Christophel" die Haltestelle verlassen und strebt zum Hauptmarkt.

In den ersten Betriebsjahren entstand auch dieses Foto am Hotel „Christophel". Der TW wird bald seine Fahrt in Richtung Hauptmarkt fortsetzen.

Der TW 5 der Grünen Linie ist um 1908 auf dem Weg von St. Matthias zum Hauptbahnhof und erreicht in Kürze die Porta Nigra.

Vor 1910 ist TW 17 auf der Weißen Linie eingesetzt, die damals noch zwischen dem Hauptfriedhof und Euren verkehrte.

Um 1910 ist TW 3, von Euren kommend, in der Simeonstraße unterwegs. Die Weichen im Vordergrund zeigen die Abzweigungen zur Römerbrücke bzw. St. Matthias.

Blick über den Hauptmarkt in die Simeonstraße auf die Porta Nigra, vor der sich Ende der 1930er-Jahre zwei Straßenbahnen beider Bauarten begegnen.

Während des Gauparteitages 1937 ist eine Straßenbahn auf dem Weg von Euren zum Hauptbahnhof. Sie passiert gerade den aufwändig geschmückten Hauptmarkt.

Um 1910 begegnen sich am Hauptmarkt TW 22 (links), auf dem Weg nach Euren, TW 14 (rechts), von St. Matthias kommend, und TW 23, auf dem Weg dorthin.

In den ersten Betriebsjahren begegnen sich zwei Straßenbahnen in der Simeonstraße. Die rechte wird wenig später nach St. Matthias abbiegen, die von Euren kommende ihre Fahrt zum Hauptfriedhof fortsetzen.

Während eines Markttages in der französischen Besatzungszeit entstand zu Beginn der 1920er-Jahre dieses Foto. In Höhe der Steipe, des mittelalterlichen Rathauses, ist eine Straßenbahn zur Römerbrücke unterwegs.

In den ersten Betriebsjahren passiert TW 6, von Euren kommend, den gut besuchten Hauptmarkt.

Um 1920 erreicht eine Straßenbahn der Blauen Linie an der Steipe den überfüllten Hauptmarkt, der noch immer von seinem renaissancezeitlichen Marktbrunnen und dem hochmittelalterlichen Marktkreuz dominiert wird.

TW 3 ist um 1913 gerade in die Fleischstraße eingebogen. Er war auf der Blauen Linie nach Pallien eingesetzt. Im Hintergrund TW 14.

In der Fleischstraße begegnen sich um 1913 zwei Straßenbahnen. Die rechte (mit unverglaster Plattform) ist auf der Blauen Linie nach Pallien, die entgegenkommende (mit verglaster Plattform) auf der Roten Linie nach Euren unterwegs.

Um 1910 kreuzen zwei Straßenbahnen am Kornmarkt. Das Gebäude auf der rechten Seite diente damals als Rathaus.

Eine Straßenbahn hat um 1910 das Trierer Postamt am Kornmarkt erreicht.

TW 12 ist in der Brückenstraße nach Euren unterwegs. Seine Frontseite zeigt eine typische Werbefläche der 1920er-Jahre.

Von der Brückenstraße zweigte eine eingleisige Strecke in die Jüdemerstraße zum Viehmarkt ab. Planmäßig wurde sie nur in den ersten Betriebsjahren sonn- und feiertags von der Blauen Linie bedient. Danach blieb sie betrieblichen Fahrten vorbehalten. Während des Zweiten Weltkrieges wurde sie kurzzeitig von stadtauswärts fahrenden Wagen der Linie 3 genutzt.

Am Ende der Brückenstraße teilte sich die Strecke zur Römerbrücke. Die Bahnen in Richtung Römerbrücke fuhren weiter durch die damalige Schanzstraße (die heutige Karl-Marx-Straße), wohingegen die stadteinwärts fahrenden Bahnen in die Bollwerkstraße abbogen, um über die Lorenz-Kellner-Straße wieder zur Brückenstraße zu gelangen.

TW 20 ist 1908 in seiner Ursprungsausführung in der Schanzstraße (heute Karl-Marx-Straße) unterwegs.

Diese um 1930 entstandene Luftaufnahme hält gleich drei Straßenbahnen auf der Römerbrücke und eine vierte an der Eisenbahnrampe fest.

Um 1910 fährt eine schon verglaste Straßenbahn über die Römerbrücke stadteinwärts.

TW 3 wurde in den ersten Betriebsjahren auf der nur sonn- und feiertags verkehrenden Blauen Linie vom Südbahnhof nach Pallien eingesetzt. Auf der Römerbrücke sind zahlreiche Sonntagsspaziergänger unterwegs.

TW 24 ist 1920 auf der Römerbrücke nach Euren unterwegs. Um dem gestiegenen Verkehr gerecht zu werden, wurde sie 1930/31 verbreitert.

Eine Straßenbahn der Blauen Linie ist 1907 auf dem Weg zum Südbahnhof. Die Linie verkehrte zwischen 1905 und 1913 nur sonn- und feiertags zwischen Pallien und Südbahnhof. Nach 1913 wurde die Blaue Linie zur Rundbahn ausgebaut.

Auch TW 19 – hier auf der Römerbrücke stadteinwärts unterwegs – war Mitte der 1920er-Jahre auf der Rundlinie eingesetzt, die beide Moselbrücken überquerte.

TW 18 hat gerade die Bahnüberführung in Trier-West passiert und strebt ins Stadtzentrum.

Die Endhaltestelle der Roten Linie (später 1) in Euren um 1930. Ein Umsetzgleis ermöglichte hier ein Umhängen von Beiwagen.

Um 1930 präsentieren sich die noch fast neuen Wagen der jüngeren Bauart vor dem Trierer Straßenbahndepot. Von links nach rechts erkennen wir TW 33, 28, 36, 34 und 26, die meist auf der Linie 3 eingesetzt waren.

Die Beiwagen (BW) 53 und 54 sind um 1910 im Inneren der Wagenhalle abgestellt. Im rechten Gleis liegt die obligatorische Revisionsgrube.

Das Werkstattpersonal mit TW 3 vor einem geschlossenen Tor des Depots im Jahre 1910.

Blick in das Innere der Werkstatt mit dem Untergestell einer älteren Straßenbahn.

4

Die Blaue Linie (Linie 2) Porta Nigra–Pallien

Vor der Neuordnung der Linien wurde Pallien von der Roten Linie bedient. Die Blaue Linie verband Pallien mit dem Südbahnhof, verkehrte aber nur nachmittags an Sonn- und Feiertagen und wurde 1913 zu einer Rundbahn umgestaltet, die über beide Moselbrücken führte. Danach erhielt der Abschnitt zwischen der Eisenbahnbrücke am Westbahnhof und Pallien (Kaiser-Wilhelm-Brücke) ein zweites Gleis. Zwischen Kaiser-Wilhelm-Brücke und Porta Nigra fuhr die Straßenbahn stadteinwärts durch die Merianstraße und die Friedrich-Ebert-Allee, stadtauswärts über die Lindenstraße. Nach Eröffnung der Rundbahn wurde das Teilstück Kaiser-Wilhelm-Brücke–Palliener Bahnhof nur noch sonn- und feiertags bedient und um 1920 ganz eingestellt. Infolge des Kohlenmangels beim Elektrizitätswerk und fehlender Ersatzteile war die Blaue Linie vom 1. Oktober 1923 bis 14. März 1925 eingestellt. Zwischen 1929 und 1931 bediente die so genannte „Trompetenbahn" Pallien. Als erste Straßenbahn wurde die Linie 2 am 20. Januar 1940 zwischen Westbahnhof und Georg-Schmitt-Platz auf Obus umgestellt. Die Reststrecke bis zur Porta Nigra folgte am 1. März.

1937 hat TW 18 soeben die Haltestelle an der Porta Nigra erreicht. Bald wird er seine Fahrt nach Pallien fortsetzen.

Eine Straßenbahn der Linie 2 hat um 1930 gerade die Porta Nigra erreicht. Noch präsentiert sich das Haltestellenhäuschen in seiner ursprünglichen Ausführung.

Eine Straßenbahn der Blauen Linie hat gerade die Haltestelle an der Porta Nigra verlassen und biegt in die Nordallee ein. Dieser Streckenabschnitt wurde erst 1913 nach dem Bau der Kaiser-Wilhelm-Brücke in Betrieb genommen. Er stellte damit zwischen Pallien und Porta Nigra eine direkte Verbindung her.

Mitte der 1920er-Jahre verlässt ein Wagen der Blauen Linie aus Richtung Pallien kommend die Kaiser-Wilhelm-Brücke. Hinter der Brücke teilte sich die Strecke. Stadteinwärts wurde die damalige Martinstraße (heute Merianstraße), stadtauswärts die Lindenstraße befahren.

Zwei Straßenbahnen der Blauen Linie begegnen sich auf der Kaiser-Wilhelm-Brücke. Die vordere verlässt gerade die Lindenstraße. Nach der Beschaffung neuerer Straßenbahnen kamen auf der Blauen Linie nur noch die älteren TW zum Einsatz. Mit der Fertigstellung der Kaiser-Wilhelm-Brücke war die Endstation in Pallien überflüssig geworden. Sie lag auf der anderen Moselseite (rechter Bildrand).

Vom Weißhaus bot sich ein schöner Blick über Trier. Auf der Kaiser-Wilhelm-Brücke begegnen sich 1914 zwei Wagen der kurz zuvor in Betrieb genommenen Blauen Linie.

Ein ähnliches Foto aus den letzten Betriebsjahren der Blauen Linie (Linie 2), die auf dem Abschnitt zwischen Westbahnhof und Georg-Schmitt-Platz (gegenüberliegende Brückenseite) schon am 20. Januar 1940 auf Obusse umgestellt wurde.

Die Straßenbahnstrecke war auf der Brücke – mit Ausnahme der Auffahrt – zweigleisig ausgeführt. Gerade an dieser Rampe kam es zu Problemen, wenn eine Straßenbahn mit angehängten Beiwagen zu wenig Schwung genommen hatte.

An der Einmündung der Bitburger Straße teilte sich die Straßenbahn. Das untere Gleis, die alte Strecke, führte zum Palliener Bahnhof. Sie wurde Mitte der 1920er-Jahre stillgelegt und danach bis zu dieser Abzweigung zurückgebaut. Zunächst endete die Strecke an dieser Auffahrt und war 1906 bis zum alten Palliener Bahnhof verlängert worden. Das linke Gleis führte über die Bitburger Straße zur Kaiser-Wilhelm-Brücke und war erst 1913 mit deren Bau verlegt worden.

Die Endstation in Pallien mit Umsetzgleis im Jahre 1911. In den Außenbereichen des Straßenbahnnetzes waren Maste errichtet. Nach Eröffnung der Kaiser-Wilhelm-Brücke wurde dieser Streckenabschnitt nur noch sonn- und feiertags bedient.

Blick um 1908 von Zurlauben auf die Endstation der Roten Linie und den „Palliener Bahnhof“. Eine Straßenbahn der Roten Linie hat gerade die Endstation verlassen und fährt in Richtung Römerbrücke.

Blick über Pallien auf den letzten Streckenabschnitt der Blauen Linie im Juli 1907. Im Vordergrund ist die erste Weiche des Umsetzgleises, im Hintergrund bei näherer Betrachtung auch noch eine Straßenbahn zu erkennen.

TW 1 ist im Rahmen einer Sonderfahrt mit zwei Beiwagen in Trier-West unterwegs. Er war nach der Linienkennzeichnung in der Regel auf der Roten Linie eingesetzt. Stadtrundfahrten wurden für Touristengruppen häufiger außerplanmäßig durchgeführt.

Eine Straßenbahn der Linie 2 hat Anfang der 1920er-Jahre die Römerbrücke überquert und ist auf die Strecke nach Pallien abgebogen.

TW 28 zeigte sich Mitte der 1930er-Jahre im Betriebshof mit einem falschen Zielschild, denn die Linie 3 fuhr nicht nach Pallien, sondern nach St. Medard.

5

Die Grüne Linie (Linie 3) Hauptbahnhof–St. Matthias (St. Medard)

Die Grüne Linie, die spätere 3, verkehrte alle sechs Minuten zwischen Haupt- und Südbahnhof und alle zwölf Minuten zwischen Südbahnhof und St. Matthias. Da die Strecke ab dem Hauptmarkt wegen der Enge der Straßen nur eingleisig war, errichtete man die so genannte „Viehmarktschleife“. So führte die Linie nach Süden über den Viehmarkt, während die Gegenzüge den direkten Weg durch die Neustraße nahmen. Nach Rückführung der Schleife in die Neustraße verlief die Strecke bis zum Südbahnhof (ab 1924 bis zur Töpferstraße) zweigleisig, bis zur Endstation St. Matthias eingleisig. Zum 19. Dezember 1926 wurde die Linie um 950 Meter bis nach St. Medard verlängert. Ausweichen bzw. Umsetzgleise bestanden in St. Matthias und in St. Medard. Ab 1927 kamen auf der Linie fast ausschließlich Straßenbahnen der neueren Bauart zum Einsatz. Schaffnerloser Einmannbetrieb auf den Außenstrecken der Linien 3 und 4 ermöglichte ab 1. Dezember 1931 die Einsparung von Personal. Die Linie 3 wurde, nachdem bereits zum 15. Juli 1951 der Betrieb zwischen Hauptbahnhof und Viehmarkt eingestellt worden war, am 14. September 1951 als letztes Teilstück des Straßenbahnnetzes stillgelegt.

TW 33 steht Mitte der 1930er-Jahre an der Haltestelle vor dem Hauptbahnhof abfahrtbereit nach St. Medard.

Eine Straßenbahn ist 1905 am Hauptmarkt auf dem Weg nach St. Matthias.

TW 4 strebte um 1910 noch in seiner Ursprungsausführung dem damaligen Endpunkt St. Matthias entgegen. 1926 wurde die Strecke bis nach St. Medard erweitert. Ein zweiter TW erreicht, von der Römerbrücke kommend, den Hauptmarkt.

Um 1910 ist hier TW 2 über den Hauptmarkt nach St. Matthias unterwegs.

Um 1935 befindet sich der TW 28 auf dem Weg nach St. Medard. Straßenbahnen der neuen Bauart wurden vornehmlich auf den Linien 3 und 4 eingesetzt.

In den 1930er-Jahren erreicht der TW 32 in der Brotstraße die Kreuzung Johann-Philipp-Straße. Bis zum Hauptmarkt war die Strecke eingleisig angelegt.

Links: An der Abzweigung Brot-/Fahrstraße kommt das rechte Gleis von St. Matthias und wurde von stadteinwärts fahrenden Straßenbahnen genutzt. In Fahrtrichtung Trier-Süd bogen die Triebwagen nach links in die Fahrstraße ab. Rechts: Obwohl die Strecke in der Fahrstraße nur im Einbahnverkehr genutzt wurde, zeigt dieses um 1910 entstandene Foto eine Ausweiche, in der die so genannten Theaterwagen abgestellt werden konnten. Sie beförderten die Theaterbesucher nach dem Ende der Vorstellungen in ihre Stadtteile.

Am Viehmarkt bog das Gleis aus der Fahrstraße in die Viehmarktstraße ein. Wagen aus der Innenstadt kamen von rechts und fuhren über das vordere Gleis. Die hintere Strecke führte durch die Antoniusstraße in Richtung Römerbrücke. Die Volksbücherei am linken Bildrand ist auch auf dem folgenden Bild erkennbar.

Am Ende der Antoniusstraße bog die Strecke in die Jüdemerstraße ein. Dieser Streckenabschnitt war im weiteren Verlauf nur eingleisig. Regulär wurde er nur von 1905 bis 1913 von der Blauen Linie und den letzten Wagen der Linie 3 auf dem Weg ins Depot benutzt. Während des Zweiten Weltkrieges nutzten auch die stadtauswärts fahrenden Straßenbahnen der Linie 3 diesen Abschnitt.

Straßenbahnen in Richtung St. Matthias bogen bald wieder in die Neustraße (hinten links) ein. Stadteinwärts fahrende Bahnen blieben auf der Neustraße, die im südlichen Teil wieder zweigleisig ausgebaut war.

Im August 1906 passiert TW 16, aus der Saarstraße kommend, die Südallee.

Rund 20 Jahre später ist TW 24 auf der Grünen Linie unterwegs. Neben der grün-weißen Farbgebung und der verglasten Plattform hat er anstelle des alten Bügelstromabnehmers schon einen Scherenstromabnehmer erhalten.

TW 5 befindet sich um 1910 in der Saarstraße auf dem Weg nach St. Matthias. Bis zum Südbahnhof verkehrte die Grüne Linie in den ersten Betriebsjahren alle sechs Minuten, wohingegen die Reststrecke bis St. Matthias nur alle zwölf Minuten befahren wurde.

In der Matthiasstraße, der Fortsetzung der Saarstraße, waren die Schienen wegen der geringen Straßenbreite nur eingleisig verlegt. Ein Wagen der neuen Bauart ist hier stadteinwärts auf dem Weg. An der linken Hausfassade werden die Autofahrer auf diese Engstelle und das Caspary-Bier aufmerksam gemacht.

In der Ausweiche vor der Abtei St. Matthias ist eine Straßenbahn aus St. Medard eingetroffen. Hier endete die Strecke, bevor sie 1926 nach St. Medard verlängert wurde. Unterhalb einer Caspary-Werbung erkennt man links ein Haltestellenschild.

Nur noch wenige Meter muss 1934 der Wagen der Linie 3 bis zur Endhaltestelle St. Medard zurücklegen.

In den Außenbereichen der Trierer Straßenbahn wurden Oberleitungsmaste verwendet. Vielleicht stammten sie von der rückgebauten Palliener Strecke. In der Bildmitte erkennt man eine Ausgrabung des damaligen Provinzialmuseums, die 1934 zeitweise den Verkehr der Straßenbahn zum Erliegen brachte.

Um 1950 steht der unfallgeschädigte TW 24 in St. Medard. Links daneben erkennen wir TW 28.

Vermutlich wurde TW 24 seitlich von einem Auto gerammt und dabei die vordere Plattformumrandung beschädigt.

6

Die Weiße Linie (Linie 4) Jägerkaserne–St. Medard

Bis 1913 wurde der Abschnitt Porta Nigra–Hauptfriedhof von der Weißen Linie bedient, die zwischen Hauptfriedhof und Euren verkehrte. Nach der Neuordnung des Liniennetzes wurde die Strecke vom Hauptfriedhof bis zur Jägerkaserne verlängert, in die Gegenrichtung bis zum Hauptmarkt zurückgenommen. Die Strecke war ab 1910 allerdings nur am Anfang der Paulinstraße zweigleisig ausgeführt. In Höhe des Hauptfriedhofes befand sich ein Umsetzgleis. Wegen Kohlenmangels beim Elektrizitätswerk und fehlender Ersatzteile war die Weiße Linie vom 1. Oktober 1923 bis zum 15. Januar 1925 vorübergehend eingestellt. Zum 1. Juni 1929 wurde das Liniennetz erneut verändert und die Jägerkaserne fortan von der Blauen Linie bedient, die zwischen Euren–Hauptmarkt–Pallien–Hauptmarkt–Jägerkaserne verkehrte. Diese Linie hatte den Spitznamen „Trompetenbahn“. Zum Dezember 1931 wurde die „Trompetenbahn“ durch die Linie 4 (Jägerkaserne–St. Medard) ersetzt. Ab 1. Dezember 1931 wurde auf den Außenstrecken der Linien 3 und 4 der schaffnerlose Einmannbetrieb eingeführt. Doch schon zum 1. März 1940 wurde die Strecke Porta Nigra–Jägerkaserne auf Obus umgestellt.

Seit 1931 wurde die Strecke von der Porta Nigra bis zur Jägerkaserne von der Linie 4 bedient. 1937 nähert sich TW 34 der Haltestelle Porta Nigra.

Die ältere Straßenbahn im Vordergrund ist um 1935 auf dem Weg von der Porta Nigra nach Euren. Der von ihr teilweise verdeckte neue Triebwagen ist auf der Linie 4 im Einsatz und verlässt, von Trier-Nord kommend, die Haltestelle Richtung Hauptmarkt.

Die linke Straßenbahn befindet sich auf dem Weg zum Hauptbahnhof, die rechte kommt hingegen aus der Paulinstraße (Hauptfriedhof). In den ersten Betriebsjahren fuhr die Weiße Linie vom Hauptfriedhof bis nach Euren.

Anlässlich eines Geburtstages von Kaiser Wilhelm II. entstand vor der Porta Nigra dieses Foto. Das Abholen der Fahne aus der Jägerkaserne führte an diesem 22. Januar zu Verspätungen im Straßenbahnverkehr, denn man hatte keine Möglichkeit, die Soldaten in der Paulinstraße zu überholen.

Im weiteren Verlauf der Paulinstraße war die Straßenbahn, wie an der Gastwirtschaft F. Koschorreck, eingleisig ausgebaut.

Der Endpunkt der Weißen Linie an der Jägerkaserne in den 1920er-Jahren. 1913 war die Straßenbahn bis hierhin verlängert worden.

1952 hatten Obusse die Straßenbahn bereits abgelöst. Dennoch liegen bis heute, wenn auch zugeteert, noch vereinzelt Schienen in den Straßen. In der Paulinstraße herrscht reger Straßenverkehr.

7

Der Fahrzeugpark

Die Trierer Straßenbahn hatte in den 46 Jahren ihres Bestehens nur zwei Wagentypen im Einsatz. 24 Triebwagen (TW 1-24) wurden 1905 bei der Firma Busch/SSW (Siemens-Schuckert-Werke) nebst einem Spezialtriebwagen (TW 101), sechs Beiwagen (BW 51-56) und drei „Sommerwagen" (BW 57-59, später 77-79) beschafft. Die Triebwagen hatten 16 Sitz- und 14 Stehplätze, die geschlossenen Beiwagen 18 Sitz- und 14 Stehplätze und die offenen „Sommerwagen" 24 Sitz- und 18 Stehplätze. Der Spezialwagen diente im Sommer als Straßensprengwagen und im Winter als Salzstreuwagen. Da der Schneepflug aber nur unzureichend arbeitete, wurde er später ersatzlos entfernt.

Ab 1910 hatte man zunächst bei 18 der Triebwagen den Führerstand verglast. Die Beiwagen wurden nur in der Anfangsphase und danach noch sporadisch im Berufsverkehr oder bei Großveranstaltungen (wie der Heilig-Rock-Wallfahrt von 1933) eingesetzt. Während des Ersten Weltkrieges waren die drei Sommerwagen zu Lazarettwagen umgebaut worden. Sie boten Platz für zehn Betten. Die von der Westfront nach Trier transportierten Verwundeten konnten mit ihren Tragbahren seitlich in die Wagen geschoben werden. Im Laufe des Krieges wurden 26.000 Verwundete von den Bahnhöfen zu den Trierer Krankenhäusern transportiert. Da damals zu wenig Pferde zur Verfügung standen, übernahm die Straßenbahn auch den Transport der Post vom Postamt am Kornmarkt zum Hauptbahnhof, wofür die Postwagen mit extra Zugstangen versehen wurden. Auch die Müllwagen wurden damals mit Hilfe der Straßenbahn befördert, wofür man sogar ein eigenes Gleis zur Müllkippe in der Eurener Straße legte.

1927 beschloss der Stadtrat die Beschaffung von zunächst sechs neuen Straßenbahnwagen bei v. d. Zypen & Chalier/SSW, denen 1928 sechs weitere (v. d. Zypen & Chalier/AEG) folgten. Diese Wagen hatten 20 quer angeordnete, ledergepolsterte Sitze. Zudem waren sie im Winter elektrisch beheizbar. Nach der Umstellung einzelner Linien auf Obus-Betrieb im Jahre 1940 trennte man sich ein Jahr später von einem Teil der älteren Straßenbahnen. Der zum BW 57 umgebaute TW 6 wurde nach Bingen, der 1938 zum Schleifwagen umgebaute TW 21 nach Dessau, BW 53, 54, 56 und 77 nach Chemnitz und BW 51 und 55 an einen Berliner Schrotthändler verkauft. 1943 folgten die TW 1-5 sowie 7, die nach Metz abgegeben wurden. TW 101 wurde erst 1953 zusammen mit TW 11, 20 und 22-24 verschrottet.

Insgesamt 17 Straßenbahnen (TW 8-10, 12-19, 25, 28, 31, 32, 34 und 36) waren im Krieg zerstört worden oder konnten nicht wieder eingesetzt werden. Nach Kriegsende kamen von der älteren Bauart nur noch TW 11, 20, 22-24 sowie von der jüngeren Bauart TW 26, 27, 29, 30, 33 und 35 zum Einsatz, die teilweise noch umnummeriert wurden. Letztere wurden kurz nach der Stilllegung der letzten Linie im Jahre 1951 nach Duisburg verkauft. Für die älteren Fahrzeuge fanden sich keine Käufer mehr, sodass sie 1953 von einem Schrotthändler erworben wurden.

Die SSW lieferten auch die Oberleitung und die elektrische Stromversorgung. Mit dem Elektrizitätswerk wurde auch der Betriebshof errichtet. Die Wagenhalle war 54 Meter lang und 22 Meter breit. Sechs nebeneinanderliegende Gleise boten Platz für 36 Wagen, wobei ein Gleis über eine Revisionsgrube verfügte. Zudem entstanden auf dem Gelände ein Verwaltungsgebäude und eine gemeinsame Werkstatt.

TW 1 konnte in den 1920er-Jahren in Trier-West im Bild festgehalten werden. TW 1-5 und 7 wurden 1943 nach Metz verkauft.

TW 2 in seiner Ursprungsausführung hat gerade die Porta Nigra passiert und fährt durch die heutige Theodor-Heuss-Allee in Richtung Hauptbahnhof.

Um 1910 stehen zwei Straßenbahnen an der Haltestelle am Hauptbahnhof. TW 3 präsentiert sich mit unverglaster Plattform noch im Ursprungszustand. Der zweite Triebwagen besitzt bereits verglaste Plattformen, mit denen ab 1910 nach und nach alle Straßenbahnen versehen wurden.

In den 1930er-Jahren befährt TW 3, nun mit verglasten Plattformen, die Eurener Straße. Seine Dachseiten sind der Werbung vorbehalten. Das Linienschild wurde in das mittlere Fenster verlegt.

Noch im Urzustand präsentierte sich um 1906 TW 4 auf der Römerbrücke.

Um 1910 entstand diese Aufnahme von TW 5, der gerade in die Simeonstraße eingebogen ist.

Im Auslieferungszustand präsentiert sich hier TW 6. Die kunstvolle Ausgestaltung wurde nur wenige Jahre bewahrt. Später wurde TW 6 zu einem Anhänger (BW 57) umgebaut und 1941 nach Bingen verkauft, wo er 1954 verschrottet wurde.

TW 7 hält um 1910 vor der Hauptpost am Kornmarkt.

Während einer Probefahrt wurde TW 10 in der heutigen Theodor-Heuss-Allee im Foto festgehalten. Nach der Beschilderung war er für die Weiße Linie im Einsatz, er hätte hier also planmäßig nicht fahren dürfen. Der Schriftzug „Straßenbahnen der Stadt Trier“ war zunächst direkt unter dem Fenstern, später unterhalb der Wagenseiten angebracht.

Um 1920 macht TW 11 vor dem Hauptbahnhof Halt. Seine Plattformen sind bereits verglast und er weist bereits den Schriftzug „Stadt Trier“ auf. Die Wagennummern waren (für kurze Zeit) auf den Wagenseiten angebracht. Noch bis 1951 war TW 11 im Einsatz, ehe er 1953 verschrottet wurde.

TW 12 erreicht den Hauptmarkt, der 1937 anlässlich eines Parteitages überreich geschmückt war.

TW 13 – hier an der Porta Nigra um 1935 – zeigt weitere Veränderungen: Ab den 1930er-Jahren unterteilte man die großen Mittelfenster. Der zweite Triebwagen daneben weist noch das ungeteilte Fenster auf.

TW 14 um 1930 in grün-weißer Farbgebung mit Werbeflächen. Im großen Seitenfenster erkennt man das Linienschild mit den wichtigsten Haltestellen. In den Anfangsjahren waren die Schilder in anderer Ausführung auf den Dächern angebracht.

Im Betriebshof zeigt sich im ersten Betriebsjahr TW 15 mit Beiwagen (BW) 53. Später kamen die Beiwagen mangels Bedarfs nur noch selten zum Einsatz. Außer am Hauptbahnhof mussten die Gespanne an jeder Endhaltestelle umgesetzt werden.

Im August 1906 erreicht der noch fabrikneue TW 16 die Südallee.

TW 17 trifft um 1910 an der Porta Nigra auf TW 12. TW 17 ist nach St. Matthias, TW 12 nach Euren unterwegs. Beide Wagen wurden im Zweiten Weltkrieg zerstört.

TW 18 verlässt 1937 die Haltestelle Porta Nigra. Er besitzt noch große Seitenfenster und den Bügelstromabnehmer. Auch dieser Wagen wurde im Zweiten Weltkrieg zerstört.

Um 1908 ist TW 19 auf der Nordallee, der heutigen Theodor-Heuss-Allee, unterwegs.

Hier ist TW 20 noch in seiner Ursprungsausführung im Jahre 1908 in der Schanzstraße (heute Karl-Marx-Straße) zu sehen.

Kurz vor der Stilllegung der Straßenbahn ist der TW 20 deutlich gezeichnet von 45 Dienstjahren und den Auswirkungen des letzten Krieges.

TW 22 steht am Margarethentag (um 1908) mit Blumen geschmückt am Hauptbahnhof. Auch dieser Wagen wurde 1953 verschrottet.

Um 1910 begegnen sich TW 23 und 15 an der Porta Nigra. An ihren Plattformen sind die Halterungen für Lampen zu erkennen. TW 23 wurde erst 1953 verschrottet.

TW 24 ist kurz vor seiner Veräußerung im Jahre 1953 vor dem Depot zum Abtransport aufgebockt.

Ein mit Ganzreklame ausgerüsteter Triebwagen der älteren Bauart verlässt in den 1930er-Jahren das Depot. Mit Hilfe solcher Werbestraßenbahnen, die das Trierer Straßenbahnnetz befuhren, wiesen die Firmen auf ihre Produkte hin. Die Wagennummer lässt sich nicht identifizieren.

Kurz vor der Ablieferung der neueren Wagen 1927/28 entstand dieses Werksfoto. Im Gegensatz zu den älteren Wagen waren die Sitzreihen hier quer angeordnet.

TW 27 wurde 1927 bei v.d. Zypen & Chalier/SSW gebaut. Er stand bis 1951 im Dienst und wurde danach nach Duisburg verkauft.

TW 28 in den 1930er-Jahren vor der Porta Nigra. Neben der Seitenwerbung am Dach macht er neben den Eingangstüren auf das Trierer Theater aufmerksam. Er wurde während des Zweiten Weltkrieges zerstört.

Ende der 1930er-Jahre steht TW 29 vor der Porta Nigra (vorn). Auch er war noch bis 1951 im Einsatz, ehe er nach Duisburg verkauft wurde.

Ende der 1930er-Jahre stehen am Depot mehrere Wagen der neueren Bauart aufgereiht. Rechts erkennt man TW 30 und 31.

Nach dem Zweiten Weltkrieg steht TW 33 im Depot in Euren. Er wurde 1928 bei v.d. Zypen & Chalier/AEG gebaut und gelangte 1951 nach Duisburg.

Die Beiwagen (BW) 53 und 54 im Depot. Insgesamt hatten die Trierer Straßenbahnen sechs solcher Beiwagen (BW 51-56). BW 53 und 54 gelangten zusammen mit BW 56 im Jahre 1941 nach Chemnitz. Die übrigen wurden verschrottet.

Während des Ersten Weltkrieges waren die Sommerwagen (BW 77-79) in Lazarettwagen umgebaut worden. Nach dem Krieg hatte man sie zu geschlossenen Beiwagen umgebaut. Die Aufnahme eines dieser Sommerwagen entstand in den 1920er-Jahren. Im Hintergrund steht der Spezialtriebwagen 101.

BW 77 mit TW 4 um 1920 vor dem Trierer Hauptbahnhof. Ursprünglich waren diese Wagen als BW 57-59 geführt worden, behielten aber nach dem Krieg die neuen Nummern bei.

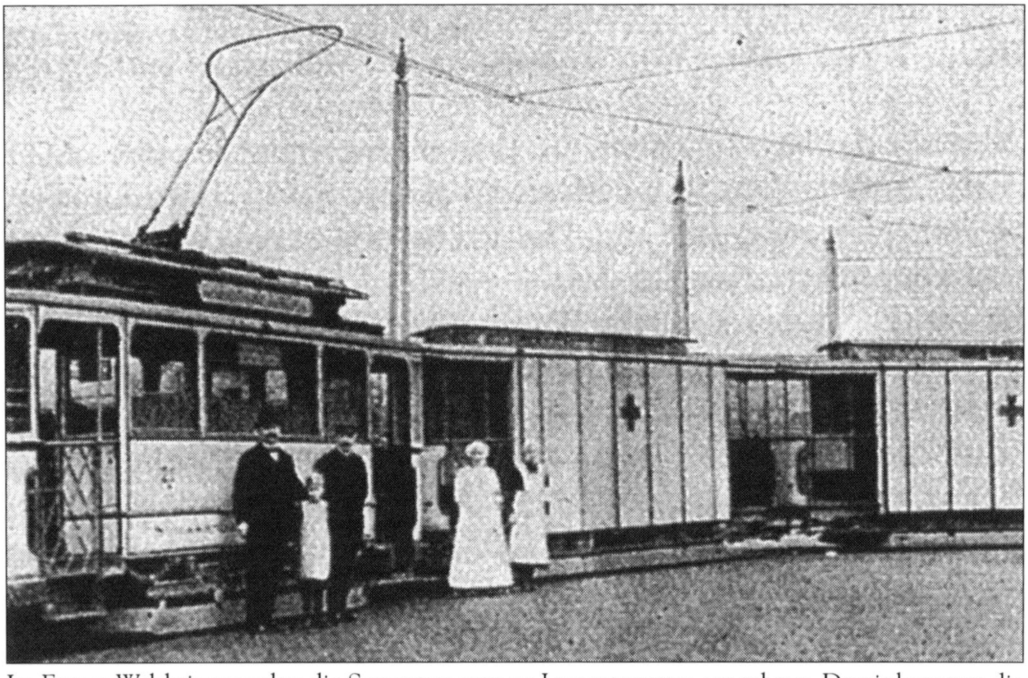

Im Ersten Weltkrieg wurden die Sommerwagen zu Lazarettwagen umgebaut. Damit konnten die Verwundeten von den Bahnhöfen leichter in die Trierer Krankenhäuser transportiert werden. Die Wagen ließen sich seitlich öffnen.

Der Spezialtriebwagen 101 musste während seines Einsatzes in Trier mehrere Umbauten über sich ergehen lassen. Zunächst war er als Spreng-, Streu- und Schneepflugwagen konzipiert. Auf diesem Foto zeigt der 1953 verschrottete TW 101 statt des Bügelstromabnehmers bereits einen Scherenstromabnehmer.

Blick in das bei einem Luftangriff zerstörte Straßenbahndepot am 1. April 1943. In der Bildmitte die Überreste einer Straßenbahn der neueren Bauart, rechts der fast unbeschädigte Spezialtriebwagen 101, der bisher als „1941 ausgemustert" galt.

Blick in die nach einem Bombenangriff am 1. April 1943 zerstörte Wagenhalle in Euren.

Im Vordergrund erkennt man die Reste des völlig zerstörten Triebwagens TW 32, dahinter TW 12, der nach dem Krieg nicht mehr in Betrieb genommen wurde.

8

Das Ende der Straßenbahn

Nach der kriegsbedingten Unterbrechung nahm die Straßenbahn am 12. Dezember 1947 zwischen St. Medard und der Germanstraße wieder den Betrieb auf. Am 16. April 1948 kam der Abschnitt Hauptmarkt–Hauptbahnhof hinzu. Erst ab 3. Juni 1948 fuhren die Straßenbahnen wieder durchgängig vom Haupt- zum Westbahnhof und nach St. Medard. Die Bahnanlagen waren in einem solch schlechten Zustand, dass in der Ratssitzung vom 29. Juli 1950 die Umstellung auf Obus beschlossen wurde, die billiger als eine Gleiserneuerung schien. Ein Jahr später, am 25. Juli 1951, wurde die Straßenbahnlinie 1 komplett und die Linie 3 zwischen Hauptbahnhof und Viehmarkt eingestellt. Für den letzten Abschnitt zwischen Viehmarkt und St. Medard kam am 14. September 1951 das Aus. Viele Trierer nahmen an der Abschiedsfahrt ihrer Tram teil. Zum letzten Mal fuhren TW 24, 32 und 33 nach St. Medard. Alle Straßenbahnen waren mit Girlanden geschmückt. Vor ihnen marschierten eine Musikkapelle, die Chopins Trauermarsch spielte, und die Fahnenträger des Straßenbahnvereins. Die neueren Wagen wurden 1951 nach Duisburg, die älteren 1953 an einen Schrotthändler verkauft.

Am 10. Juli 1951, zwei Wochen vor der Stilllegung dieses Streckenabschnittes, fährt TW 24 durch die Simeonstraße in Richtung Hauptmarkt.

Anlässlich der Abschiedsfahrt auf der Linie 3 am 14. September 1951 stellte sich das Fahrpersonal am Viehmarkt vor TW 24 für ein letztes Gruppenfoto auf.

Die Wagen 24, 32 (II) und 33 haben sich am 14. September 1951 am Viehmarkt zur Abschiedsfahrt aufgestellt.

TW 33 steht am Viehmarkt zu seiner letzten Fahrt bereit. Er war der letzte Wagen im Abschiedszug.

Vor TW 24, der gerade vom Viehmarkt kommend in die Neustraße eingebogen ist, gehen die Fahnenträger des Trierer Straßenbahnervereins. Dahinter folgen TW 32 (II) und TW 33.

Im Bereich des eingleisigen Streckenabschnitts kurz vor St. Medard postieren sich die Trierer Straßenbahner noch einmal vor TW 32 (II).

Anlässlich der Abschiedsfahrt der Straßenbahn am 14. September 1951 und der Einweihung der Obuslinie 1 fuhr ein geschmückter Obus durch die Simeonstraße.

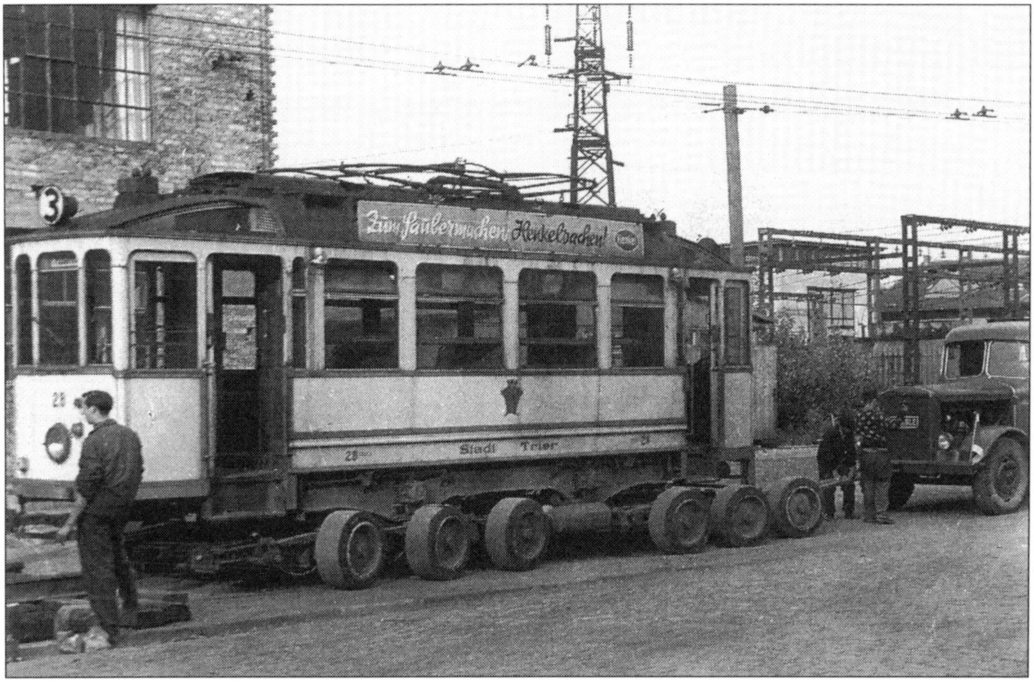

Nach Betriebseinstellung 1951 wurden die jüngeren Straßenbahnen nach Duisburg verkauft. Hier wird TW 28 mit Hilfe einer kleinen Schienenrampe (am linken Bildrand) auf den Culemeyer-Tieflader der Deutschen Bundesbahn verladen.

Nach Abschluss des Ladevorgangs setzt sich die Zugmaschine vor das Gespann.

1953 wurden die älteren TW (11, 20, 22-24) an einen Schrotthändler verkauft. Nach der Betriebseinstellung standen sie noch fast zwei Jahre im Depot und warteten auf einen Käufer. Die Schienen lassen erkennen, dass die Wagen schon lange nicht mehr bewegt wurden. Der linke Teil des Depots ist bereits für die Obusse umgebaut.

Mit Hilfe von Winden wurde der Wagen angehoben und anschließend der Tieflader darunter geschoben.

In den ersten Nachkriegsjahren waren in vielen Trierer Straßen vorübergehend Feldbahnschienen (Spurweite 600 mm) einer Trümmerbahn verlegt, die im Bereich der Ausgrabungen des römischen Tempelbezirks Altbachtal an der Spitzmühle endeten. Hier ein Blick in die Palaststraße und auf das Palais Kesselstatt im Frühjahr 1947.

Ähnlich einer Straßenbahn fuhren bis Juni 1966 noch die Triebwagen der Moselbahn auf ihrem letzten Streckenabschnitt über die Kürenzer Straße (Holzstraße) bis vor den Trierer Hauptbahnhof. Hier ein Esslinger Triebwagen (VT 63) im April 1965.

DEMMIN
DETMOLD 1930–1970
A. RUPPERT UND M. SCHAFMEISTER
DENZLINGEN
DENKENDORF

Die Heimat entdecken!
Von Kiel bis Wien,
von Aachen bis Görlitz:
Entdecken Sie Alltagsgeschichten
aus Ihrer Heimatstadt!

Leben in der Großstadt …

Tauchen Sie ein in das quirlige Großstadtleben vergangener Tage. Spazieren Sie über breite Boulevards und stürzen Sie sich ins Nachtleben. Erkunden Sie ihre Stadt durch die Fensterscheiben einer Straßenbahn oder des ersten Käfers und bewundern Sie prächtig geschmückte Schaufenster.

… und ländliche Idylle

Wie sah das Leben in Ihrer Heimat aus, als die Bauern noch mit Pferden pflügten und jedes Dorf seinen eigenen Schmied hatte, jeder noch jeden kannte und das Leben sich zwischen Kirche, Wirtshaus und Wohnküche abspielte?

www.suttonverlag.de

Erinnerungen an die Schulzeit …

Erinnern Sie sich noch an die Zeiten von Abakus und Schiefertafel, an Klassenausflüge oder den ersten Taschenrechner? Blicken Sie zurück auf große Klassen und gestrenge Schulmeister, entdecken Sie auf Klassenfotos Freunde und Bekannte von früher!

Gesellige Stunden im Verein …

Fußballclub und Schützenverein, Musikkapelle und Gesellenverein: Schauen Sie zurück auf Volksfeste und Turniere, Chorproben oder Prunksitzungen. Erinnern Sie sich an schöne Stunden und das gesellschaftliche Leben in Ihrer Heimat.

FSC
www.fsc.org
MIX
Papier | Fördert
gute Waldnutzung
FSC® C083411

Zeitfracht Medien GmbH
Ferdinand-Jühlke-Straße 7
99095 Erfurt, Deutschland
produktsicherheit@kolibri360.de

Druck:
CPI Druckdienstleistungen GmbH
im Auftrag der
Zeitfracht Medien GmbH
Ein Unternehmen der Zeitfracht - Gruppe
Ferdinand-Jühlke-Str. 7
99095 Erfurt